Mar Serrano del Cid

DELICIAS ASTURIANAS

Mar Serrano del Cid

Asesor: Pedro Monasterio Cavanilles

Viñetas: Mariano Martín Díaz

Portada: Pedro Monasterio Cavanilles

Fotos interiores: Pedro Monasterio Cavanilles

Maquetación: Sonia García Montañés

Prologo: Belén Perales Martín

Perfil Facebook: Mar Serrano del Cid

Twitter: marserrano1970

Página Facebook: La Página 99

Instagram: serrano70marimar

Isbn: 978-84-09-04749-9

Deposito legal: M-29569-2018

En memoria de mi marido

Pedro Monasterio Cavanilles.

Quererlo fue tocar el cielo.

Introducción

Un libro escrito desde el corazón y con un ligero conocimiento de una parte de la gastronomía asturiana.

Recetas clásicas y sencillas desde el universalmente conocido Cachopo, pasando por los desconocidos Tortos de maíz, dando paso a sus tradicionales Chipirones Afogaos y terminando con sus típicos postres.

Un recorrido por el maravilloso principado de Asturias.

Historia

"Asturias patria querida, Asturias de mis amores, quien estuviera en Asturias en...."

Asturias ha pasado en los últimos años de ser una gran desconocida a territorio turístico obligado. Antes solo se conocían, en muchos casos solo de oídas, Covadonga, la fabada, el cabrales y la sidra.

Y por supuesto su himno, el también conocido como himno de los borrachos, el "Asturias patria querida". Pues bien, en unas décadas, Asturias se ha convertido en una meca del turismo, arte y gastronomía. La gente ya conoce el prerrománico, "el conventín" de Valdedios, Santa María del Naranco, San Miguel de Lillo, etc.

Las playas más espectaculares, las de El silencio, Gulpilluri, Torimbia, Rodiles, La Ballota, etc., las maravillas naturales como los desfiladeros de Los Beyos o el del Cares, los lagos de Covadonga, los Parques Naturales con sus bosques de hayas, robles, castañares, como los de Somiedo, Muniellos, Redes o Picos de Europa.

Y por supuesto la gastronomía. Esta, ya ha dejado de ser monotema, fabada y sidra.

Ahora se conocen su marisco, sus quesos, sus guisos, sus pescados, y sus dulces.

Cuenta la leyenda que un maestro pastelero francés, famoso en el mundo entero, probó el arroz con leche asturiano y quedó trastornado para siempre. El probe hombre puso los ojos en blanco y desde entonces sustituyó la Marsellesa por el "Astuguias patguia queguida".

Prólogo

Siempre, o casi siempre, al comenzar a leer un libro, me salto el prólogo, movida por las ganas de sumergirme rápidamente en las páginas que se presentan ante mí y que supongo ansiosas por desvelarme sus secretos.

En esta ocasión, cuando mi buena amiga Mar, me pidió que escribiera el prólogo de su tercer libro, Delicias Asturianas, me sentí confusa y emocionada al tratarse de una obra muy especial.

Especial porque recoge recetas fantásticas de la tradición asturiana que Mar comenzó a preparar con mucha ilusión de la mano de quien hizo posible que se cruzaran nuestros caminos y surgiera nuestra amistad: una persona extraordinaria que hoy estoy segura sonríe desde algún lugar en lo alto, feliz porque Mar ha concluido este libro que contiene la tradición, la pasión y el amor por su tierra.

Esa tierra que Pedro nunca olvidó a pesar de que la vida hizo que no la volviera a pisar en muchos años... Esa tierra cuyo acento dejaba escapar a menudo, con palabras cuyo significado tenía que explicarnos a veces... Esa tierra de mar y prados a los que indicaba cómo llegar con todo detalle.

Os invitamos a deleitar vuestro paladar con unos fritos de pixín, un cachopo, unos tortos, unos frixuelos o unos casadielles, siguiendo las recetas que Mar ha preparado con tanto mimo para que todos podamos disfrutar estos sabores auténticos y tradicionales, mientras brindáis por nuestro Pedro, que tanto llenó y sigue llenando el corazón de todos nosotros. Él, sin duda, habrá comenzado ya a recomendar este fantástico libro, en sus interesantes conversaciones, a todos los que vayan cruzándose con él.

¡Gracias Mar por hacer que Pedro siga todavía más presente entre nosotros con tu nuevo libro Delicias Asturianas!

Belén Perales Martín

Índice

- Torto con revuelto de morcilla

- Torto de atún rojo trufado

- Torto de cabrales, cebolla confitada y manzana mingán

- Bollos preñaos

- Lista de quesos recomendados

- Frixuelos o fayuelos

- Carbayones

- Arroz con leche

- Bartolos

- Casadielles

- Tortos de nata y macedonia de frutas

- Tocino de cielo

Rollo de bonito

Ingredientes:

650 gr de bonito fresco

50 gr de jamón serrano

3 huevos

50 gr de harina

2 cucharadas de pan rallado

2 pimientos del piquillo

1 cebolleta

1 diente de ajo

14 aceitunas verdes

Aceite de oliva virgen extra

Sal

Perejil

Para la salsa:

2 cebollas

2 tomates

1 diente de ajo

100 ml de vino blanco

Preparación:

Para la salsa pela y pica el diente de ajo y ponlo a dorar en una cazuela con un chorrito de aceite. Pica las cebollas y deja pochar. Vierte el vino, dale un hervor y añade los tomates rallados. Sofríe todo bien, vierte el vino y cocínalo durante 10 minutos más. Tritura y reserva la salsa caliente.

Elimina la piel y las espinas del **bonito** . Desmenúzalo y ponlo en un bol. Pica el diente de ajo finamente y añádelo. Pica finamente el jamón, las aceitunas verdes y los pimientos del piquillo y agrégalos. Pica la cebolleta e incorpórala. Agrega también un poco de perejil picado y un huevo crudo. Mezcla y sazona. Incorpora el pan rallado y mezcla.

Mójate las manos. **Separa la masa** en dos partes y colócalas sobre dos trozos de papel film. Envuelve como si fuera un caramelo y dales forma de chorizo. Deja reposar 10 minutos.

Retira el papel film. Pásalos por harina y huevo batido y fríelos en una sartén con aceite caliente. Corta en rodajas, sirve y salsea.

Acompáñalos con unos culines de sidra.

Fritos de pixín

Hay dos clases de rape el negro y el blanco, y aunque la piel es ligeramente distinta, la diferencia fundamental está en la telilla que recubre la parte interior que sea negra o blanquecina. El rape negro nunca nos saldrá "aguado", es el mejor y más firme de carne. El blanco de aguas cálidas nos menguará mucho, y soltará mucha cantidad de agua.

Ingredientes:

1 rape al gusto (blanco o negro)

Ajo en polvo o ½ cabeza de ajos

Limones, sal

Harina para rebozar

3 Huevos

Aceite para freír.

Preparación:

Se quita la piel y la cabeza al rape (si lo hemos comprado entero) y se reservan para hacer un caldo o una sopa. Separamos los dos lomos de la cola (la espina también se aprovecha para el caldo). Se cortan los lomos en trozos de

1 cm de grueso. Se espolvorea con ajo molido o si se prefiere se pican los ajos muy finos y se mezclan con los lomos y se les añade el jugo del limón al gusto y una pizca de sal. Se baten los huevos y se pone harina en un plato llano. Se pasan los trozos de rape primero por harina y luego por huevo batido. Se fríen en aceite caliente a fuego medio. Cuando se ponen dorados los damos la vuelta y freímos por el otro lado.

Colocamos sobre papel de cocina para que absorban el aceite sobrante.

Se sirve caliente con una ensalada al gusto y una sidra bien fresquita

Chipirones afogaos en salsa

*Si habéis tenido la suerte de poder viajar a Asturias en alguna ocasión seguro que más de uno habréis probado los **chipirones "afogaos"** o ahogados, una de las recetas típicas de las sidrerías asturianas,sobre todo en Gijón.*

*La preparación de esta receta es sencilla, y **el resultado es sabroso y espectacular**, sobre todo por su salsa que como se dice habitualmente es de "empezar y no parar" si tenéis un buen trozo de pan de hogaza.*

Ingredientes:

1 kilo de Chipirones

300 g de cebolla

3 dientes de ajo

1 guindilla cayena

50 g de pimiento verde

200 ml de vino blanco de calidad

100 ml de aceite de oliva

25 ml de ron

1 hoja de laurel

1 cucharada de perejil fresco picado y sal

Preparación:

Comenzaremos limpiando bien los chipirones, si no lo hizo el pescadero, los podemos dejar enteros o bien cortándolos en anillas como de un centímetro de grosor, Los sazonamos un poco y reservamos.

Corta la cebolla y el pimiento en trozos pequeños y el ajo en láminas lo pochas todo en aceite durante 15 minutos a fuego bajo y le añades la guindilla y el laurel.

Después, añadimos el ron y dejamos que se evapore durante 3 minutos, agregamos el vino blanco y dejamos reducir de nuevo durante 4 minutos.

Incorporamos los chipirones a la cazuela, subimos durante dos minuto el fuego, y lo bajamos de nuevo para dejar que se cocinen a fuego lento durante 25 minutos. Una vez que pase el tiempo, los espolvoreamos con el perejil fresco picado.

Los podemos acompañar con arroz blanco, ensalada y unos culines de sidra.

Chipirones afogaos a la plancha

Ingredientes:

1 ½ kg de chipirones frescos o congelados

8 patatas grandecitas

Aceite de oliva

Sal

Perejil fresco (guardar 2 ramitas para espolvorear las patatas en el emplatado)

2 dientes de ajo

Limón

Preparación:

Limpia los chipirones (si el pescadero no lo hizo), separa el cuerpo de los tentáculos y lávalos bien para eliminar cualquier resto. Escurre y reserva.

Pela las patatas, córtalas en cuartos y cuécelas en agua con sal durante 20 minutos o hasta que puedas píncharlas sin dificultad y se suelte del pincho

Pica unas ramitas de perejil y pela dos dientes de ajo, pones todo en el mortero con una pizca de sal gruesa y maja bien hasta que quede bien majado, añade un chorrito de aceite de oliva.

Aliña los chipirones con el majado de ajo y perejil y un chorrito de limón y dejalo por lo menos 20 minutos tapado con film para que se impregne de los sabores (guardado en la nevera).

Pon al fuego una sartén o plancha de fondo grueso con una cucharada de aceite de oliva, cuando esté caliente, añade los chipirones, deja a fuego fuerte durante 5-6 minutos, removiendo con una espátula de madera para evitar que se peguen y se vayan dorando. (A mi me gustan bien doraditos).

Servir calientes acompañados de las patatas cocidas espolvoreadas de perejil picado, regar sobre los chipirones el jugo que han soltado mientras se cocinaban y exprimir limón por encima al gusto .

Pastel de cabracho

Ingredientes:

800 g de cabracho

3 huevos

3 palitos de cangrejo o surimi

30 gr de tomate frito casero

1 pimiento del piquillo

100 ml de nata líquida para montar

10 gr de mantequilla

1 cebolla

1 puerro

1 zanahoria

1 hoja de laurel

15 ml de aceite de oliva

Sal y pimienta negra

Preparación:

Ponemos una olla con agua y sal a hervir. Le añadimos la cebolla, el puerro, la zanahoria, la cucharada de aceite y el laurel y cocemos durante diez minutos para preparar un caldo corto. Seguidamente echamos los pescados y los cocemos durante otros quince minutos. Los retiramos y les limpiamos de piel y espinas, desmigamos con cuidado para otro recipiente. Debemos de obtener unos 400 gramos de carne de pescado limpio. Precalentar el horno a 180 grados y untamos un molde de cake con la mantequilla para después forrarlo con papel de horno. En un recipiente añadimos el pescado desmigado, los palitos de surimi, el pimiento de piquillo, los huevos, la salsa de tomate y la nata. Batimos muy bien hasta obtener una pasta fina. La añadimos al molde, alisamos su superficie y horneamos durante cuarenta o cuarenta y cinco minutos. Dejamos enfriar en la nevera durante un mínimo de dos horas.

Cachopo clásico

Ingredientes:

Filetes de ternera (babilla, cadera o tapa) más bien grandecitos.

Jamón serrano o ibérico.

Queso en lascas muy finas o en lonchas.

Huevo batido.

Harina para rebozar.

Aceite de oliva.

Sal.

Preparación:

La sal nunca la pongo directamente en la carne. Con la del jamón es suficiente, pero también se puede añadir un poco en el huevo batido según el gusto.

Se extiende el filete y se pone en una mitad el queso cortado muy fino, encima el jamón cortado también muy fino, aunque pongamos varias lonchas, pero cortado así queda mucho más sabroso.

Se dobla el filete y se presiona para cerrar bien los bordes, se pasa por harina, cuidando que quede todo el filete rebozado con una capa fina de harina. Sacudimos antes de pasarlos al huevo para eliminar lo que sobra. Pasamos por huevo y freímos en aceite caliente, pero no humeante. Cuando están dorados por un lado se les da la vuelta y se doran por el otro.

Se colocan sobre papel de cocina.

También se puede hacer con dos filetes y hacer el cachopo para compartir.

La guarnición típica es patatas fritas y un pimiento rojo asado y un esparrago blanco.

Espero que os guste.

Foto tomada en Restaurante/Sidrería "La Piragua"

Escalopines de cabrales

Ingredientes:

600 gr de escalopines de ternera

2 yogures naturales

sal y pimienta negra

Pan rallado

4 patatas

Para la salsa de cabrales:

1 cebolla

175 gr de queso cabrales

100 ml de sidra natural (o de vino blanco en su defecto)

500 ml de leche evaporada ideal (1 brick)

Pimienta negra

1 pizca de sal

Aceite de oliva virgen extra

Preparación:

En un plato dejamos macerando la carne en el yogurt y un poco de pimienta negra. Recomendable que esté al menos una hora. Reservamos en la nevera. En una sartén pochamos en abundante aceite la cebolla. Cuando esté bien hecha añadimos la sidra natural y subimos el fuego para que evapore el alcohol durante unos pocos minutos.

Añadimos el queso cabrales y removemos hasta que se deshaga por completo. Ahora echamos la leche evaporada y sin dejar de remover dejamos cocer durante unos minutos hasta que espese. Salpimentamos.

Pasamos por la batidora de mano para titurar la cebolla. Es muy recomendable pues así el sabor será aun más bueno. Aunque si se prefiere se puede dejar con los tropezones de la cebolla. Reservamos. Freímos unas patatas en abundante aceite, cortadas en gajo o alargadas, al gusto. Yo suelo echarlas al fuego bien caliente y acto seguido bajarlo a fuego medio-bajo durante un par de minutos y después volver a subirlo al máximo hasta que estén doraditas.Salpimentamos.

Mientras las patatas se van friendo vamos haciendo los escalopines. Estarán embadurnadas de yogurt. Tal cual los rebozamos en pan rallado y los freímos en aceite. Salamos al sacar. Servimos los escalopines con la salsa y las patatas... queda perfecto si los acompañamos de una sidra bien fría.

Bolas de cabrales

Ingredientes:

500gr de carne picada de ternera o cerdo

Zumo de ½ limón

1 cucharada de garam masala

Pan rallado

Harina y Sal

Para la crema de cabrales:

50 gr de cabrales

1 apio mediano

1 cebolla mediana

1 manojo de hierbas aromáticas o secas

200 ml. de nata

400 ml. de caldo de carne

Preparación:

Comenzamos sazonando la carne con **zumo de limón** y **garam masala.**

Para la crema de queso cortamos el apio y lo pochamos junto con la cebolla

Incorporamos el **Cabrales** el caldo de carne y las **hierbas** aromáticas.

Agregamos la nata y cuando sea una mezcla homogénea trituramos y metemos en moldes de silicona. (Yo utilizo los de hacer los cubitos de hielo) Lo metemos en el congelador durante mínimo 6 horas.

Una vez que haya transcurrido el tiempo, envolvemos la mezcla congelada con la carne formando bolas de un tamaño medio. (más grandes que si fueran albóndigas)

Las haremos un doble empanado de **harina, huevo** y **pan rallado** y huevo y pan rallado.

Se fríen en abundante aceite muy caliente y se van sacando sobre un papel absorbente para retirar el exceso.

Vamos colocando las bolas en una bandeja de horno para meterlas a 150º durante 25 minutos, por si acaso si no quedaron bien doradas o sospechamos que están un poco crudas por dentro.

Las podemos servir acompañadas de un clásico puré de patatas, ensalada o unas patatas fritas.

Cachopo de setas y queso azul

(Una exquisitez)

Ingredientes:

10 setas de cardo grandes (2 setas por cachopo)

10 lonchas de jamón ibérico.

1 cuña de queso azul (150 gr.. serán suficientes)

Pan rallado

Harina

2 huevos

Sal

Aceite de oliva

Preparación:

Extendemos la mitad de las setas sobre la mesa de trabajo y extendemos una tira de jamón ibérico sobre cada una. Encima desmigamos el queso azul, se puede escoger igualmente queso Cabrales, intentamos que el queso cubra toda la superficie.

A continuación, tapamos con el resto de las setas ya está listo para rebozar. Para hacer un buen rebozado lo ideal es pasar las setas por harina, luego por huevo y finalmente por pan rallado. Cuando las paséis por la harina y por el pan rallado tenéis que presionar bien para que al freír no se abran. En una sartén con aceite caliente vamos friendo nuestros cachopos de setas. Estarán hechos cuando el pan se comience a dorar porque la seta no necesita demasiado tiempo para estar lista. Finalmente, sacamos los cachopos a un plato con papel absorbente para eliminar el exceso de grasa y listo para disfrutar.

Estos deliciosos cachopos de setas rellenos de jamón ibérico y queso azul pueden servirse acompañados de patatas fritas o bien para hacerlo más ligero de unas patatas cocidas o unas verduras a la plancha.

¿Qué van a tomar los señores?
Dos cachopus, por favor.
De eso no tenemos.
Pues viene en la carta, aquí lo pone, CACHOPO.
Ah, es que cachopo si tenemos.

Cachopo sushi

(Babayada de chef)

Ingredientes:

Filetes de ternera en tiras de 3 cm.

Lonchas de jamón serrano o ibérico.

Harina para rebozar.

3 huevos batidos.

Pan rallado.

150 gr de arroz de grano redondo.

2 cucharadas pequeñas de vinagre.

1 cucharada pequeña de azúcar.

1 cucharada pequeña de sal (para cocer el arroz).

300 ml. de agua para cocer el arroz.

Preparación:

Lavamos el arroz y lo ponemos a cocer en una olla con agua y cuando rompa a hervir lo dejamos cocer durante 7 minutos a fuego fuerte, tras este paso lo ponemos a fuego suave durante 15 minutos más.

Apagamos el fuego y dejamos que repose 20 minutos, después de añadirle el azúcar, la sal y el vinagre, y lo mantenemos tapado.

Cuando el arroz esté frio, colocamos encima del filete el jamón y el arroz y hacemos rollitos. Rebozamos con harina, huevo y pan rallado y freímos por ambos lados. Se pueden acompañar de patatas fritas o ensalada.

Cachopo de merluza relleno de marino

(Para pudientes)

Ingredientes:

4 filetes de 175 gr. de merluza.

2 cebollas.

1 andarica.

1 lata de caviar de oricios.

8 gambas.

8 almejas.

Perejil y ajo.

Guindilla.

Fumé de pescado y marisco.

Harina, vino blanco.

Huevo y aceite de oliva.

Preparación:

Cocemos la andarica, la desmenuzamos y sacamos la carne. Cortamos en trocitos muy pequeños la cebolla y la pochamos lentamente con aceite y sal.

Pelamos las gambas, las troceamos y las salteamos . Se reservan las tres elaboraciones anteriores para el relleno del pescado. Para hacer la salsa verde, picamos los ajos y los sofreímos, en ese aceite añadimos la guindilla, el perejil y la harina. Cuando se haya rehogado la harina, lo perfumamos con un chorro de vino blanco y, al evaporarse éste, añadimos el fumet de pescado y marisco.

Dejar reducir, rectificar de sal y reservar. Estiramos la carne de la merluza (nos podemos ayudar de papel film y un rodillo de pastelería). En el centro ponemos una cucharada de cebolla pochada escurrida, dos gambas salteadas troceadas, una cucharada de café de caviar de oricios y la parte proporcional de la carne de andarica. Por último, ponemos otra cucharada de cebolla. Cerrar la carne de merluza, intentado que no se salga el relleno. Lo sazonamos, enharinamos y pasamos por huevo batido para posteriormente freírlo a temperatura media-alta hasta que dore. Terminamos la cocción del cachopo añadiendo la salsa verde y las almejas.

Pues tráiganos dos buenos cachopos.
¿No creen que va a ser mucho?
No, somos dos buenas cucharas.
Allá Ustedes.
¿Se los pongo para llevar? ¿Quieren postre?

Masa para tortos

Ingredientes

Pocos y sencillos: harina de maíz, agua, aceite y sal (o azúcar ,si es para hacerlos dulces). *Proporciones:* Medio litro de agua por kg de harina. Respecto al aceite, aconsejo un oliva suave, el extra virgen, aunque es delicioso, daría demasiado sabor al torto y persistiría a pesar de los ingredientes que vayamos a utilizar.

Preparación de la masa:

Ponemos la harina en un recipiente, ponemos el agua al fuego añadiéndole un chorro de aceite no excesivo. Digamos que, para las proporciones que doy, bastan 4 cucharadas soperas y una pizca de sal. El agua debe calentarse pero no hervir, sin que la ebullición comience, justo entonces la retiramos y vertemos sobre la harina ayudándonos con una cuchara de madera para que impregne y se reparta proporcionalmente por toda la harina.

Amasado manual

Tras echar el agua aceitada y salada y una vez distribuida con ayuda de la cuchara de madera, iniciamos el amasado en el propio recipiente, apretando y aflojando la masa una y otra vez para lo que usamos exclusivamente las manos. En pocos minutos con fuerza, paciencia y constancia, lograremos modelar una bola compacta y elástica que no se pegue a los dedos, entonces ya sabremos que la masa esta lista para el siguiente paso

Reposo de la masa

Ahora la masa trabajada debe reposar en el propio recipiente para que asiente y madure. Dado que por carecer de levadura no sube ni aumenta de tamaño, sólo precisamos quince o veinte minutos de espera. Durante ese tiempo, resulta conveniente colocar encima, a modo de tapa, un paño muy limpio de hilo o algodón que habremos humedecido levemente para proteger y mantener el necesario grado de humedad.

Troceado y aplanado

Seguidamente iremos cogiendo de la masa, bien a mano, bien ayudándonos con una cuchara, porciones que reamasaremos girándolas entre ambas manos para convertirlas en esferas pequeñas del tamaño de una nuez aproximadamente. Podemos aumentar el tamaño al gusto, pero no hay que olvidar que a mayor tamaño aumenta el riesgo de que se partan. Y usando otro paño de hilo o algodón iremos aplastando las bolitas una a una y dejándolas con formas irregulares

Fritura o plancha

Al aplastar las bolitas debemos procurar que los tortos queden finos, pero con solidez para que no rompan al ponerlos en una sartén con bastante aceite. Han de hervir, dorar y flotar, momento en que les daremos la vuelta igualando ambas caras. En vez de en sartén, podemos hacerlas a la plancha.

Apilado y reposo

En cuanto veamos que toman un bonito color dorado y se hinchan irregularmente a causa de las burbujas interiores que produce la evaporación del agua, los vamos sacando con una espumadera y depositando en un plato o fuente sobre papel de cocina para que suelten el aceite sobrante. Finalmente, esperamos que se templen antes de disfrutarlos en dulce o salado, solitarios o emparejados, desnudos o vestidos, rústicos o refinados.

Torto de maíz con picadillo de chorizo, queso la peral y huevo

Ingredientes:

8 Tortos de maíz

4 huevos de gallina

150 gr de queso la peral

Aceite de oliva

Preparación:

Una vez hechos los tortos y mientras están en reposo preparamos el picadillo y los huevos. En una sartén ponemos el picadillo de chorizo que se vaya haciendo poco a poco, al mismo tiempo en otra sartén ponemos al aceite de oliva a calentar, y cuando empieza a echar humo es el momento de freír los huevos.

Una vez listo el picadillo y fritos los huevos es momento de montar los tortos.

En cada plato ponemos un torto, encima ponemos el picadillo de chorizo, desmenuzamos un trozo de queso de la peral encima y seguidamente el huevo frito, para terminar cubrimos con otro torto de maíz.

Lo podemos acompañar de unas patatas fritas o cocidas y un culín de sidra.

Torto de maíz con revuelto de morcilla

Ingredientes:

12 Tortos de maíz

4 huevos de gallina

5 Morcillas asturianas

Aceite de oliva

Preparación:

Una vez hechos los tortos y mientras están en reposo preparamos el revuelto de morcilla.

En una sartén ponemos la morcilla sin la piel y salteamos un poco a continuación batimos los huevos y los incorporamos a la morcilla, vamos removiendo hasta que esté cuajado al gusto.

Una vez listo el revuelto es momento de montar los tortos.

En cada plato ponemos un torto, encima ponemos el revuelto de morcilla, para terminar cubrimos con otro torto de maíz.

Lo podemos acompañar de unas patatas fritas o cocidas y un culín de sidra.

Tortos de maíz con atún rojo trufado

Ingredientes:

14 tortos

400 gr de atún rojo

1 pizca de esencia de trufa

1 chorrito de aceite de sésamo

10 gr de pipas peladas y tostadas

1 cucharadita de jengibre fresco rallado

1/4 de cucharadita más o menos de wasabi *(en tiendas de productos asiáticos o grandes superficies)*

Sal

Mezcla de pimientas

Ensalada de algas wakame y Chips de algas con wasabi *(en algunos súpermercados)*

Preparación

Una vez hechos los tortos y mientras están en reposo picamos menudo el atún, le añadimos sal, jengibre, las pipas, el wasabi, el aceite de sésamo y la mezcla de pimientas y lo mezclamos todo muy bien.

Para emplatar ponemos el atún encima de los tortos. Adornamos con un poco de ensalada de algas y terminamos con unos chips de algas con wasabi.

Tortos con cabrales,cebolla confitada y manzana mingán

Ingredientes:

12 tortos

Queso cabrales al gusto

3 manzanas mingán o cualquier manzana preferiblemente asturiana.

2 cebollas medianas.

Un vasito de Pedro Ximénez

1 cucharada de azúcar moreno.

Aceite de girasol o aceite de oliva a vuestro gusto.

Preparación:

Una vez que tengamos los tortos hechos y mientras reposan nos ponemos a la faena con los siguientes pasos:

Pelamos y cortamos la manzana reineta por la mitad y cada mitad en trocitos de 3 ó 4 milímetros de grosor.

En una sartén con un poquito de aceite calentamos a fuego lento los trocitos de manzana hasta que estén tiernos, no demasiado, y dulces.

En un cazo con abundante aceite confitamos la cebolla muy lentamente hasta que esté tierna y doradita. Escurrimos bien la cebolla, la ponemos en una sartén, le añadimos un vasito de Pedro Xíménez o una cucharada de azúcar moreno y la removemos muy despacito hasta conseguir el sabor y la textura deseados.

Presentación de los tortos:

Sobre cada torto distribuimos a nuestro gusto queso de cabrales y sobre el sabroso queso situamos los trocitos de manzana reineta y la cebolla confitada. Los sabores salado-queso cabrales- y dulce combinan estupendamente en este delicioso entrante.

Podemos acompañarlos de un culín de sidra.

Bollos preñaos

Ingredientes: (*Para 20 unidades)*

500 gr de harina panadera

300 ml de agua

10 gr de sal

20 gr de levadura de panadería

300 gr de chorizo asturiano fresco

Preparación:

Poner en un cuenco, la harina y la levadura desmenuzada. Añadimos el resto de los ingredientes, excepto el chorizo y la leche de pintar los bollos, y mezclar con la mano o con el extremo redondeado de la rasqueta de plástico o una cuchara de madera durante 3 minutos aproximadamente, hasta que la masa empiece a formarse. Retiramos la masa y la ponemos en la superficie de trabajo. Comenzamos amasando de la siguiente manera: deslizamos los dedos por debajo de la masa, con los pulgares por encima. Levantamos la masa y la dejamos caer. Estiramos la masa y la levantamos sobre sí misma para atrapar el aire. Repetimos estos movimientos durante unos minutos hasta que la masa sea firme, pero esté manejable. Cuando veamos que esto ocurre, formamos una bola escondiendo los bordes hacia abajo. Dejamos reposar esta bola en un bol untado de aceite de oliva y cubierto con film transparente también untado con aceite, durante una hora más o menos en un sitio cálido. Cuando pase el tiempo sacamos la masa y la apretamos con los nudillos para desgasificarla. Cortamos porciones de unos 50 gramos, y las hacemos rodar en la encimera para formar pequeñas bolas, que dejaremos reposar 5 minutos tapadas con un paño. Cogemos cada bolita, la aplastamos en forma de rectángulo y ponemos un a porción de chorizo sin piel dentro, arremetemos los bordes para formas el bollito. Los colocamos en una bandeja de horno separados y los dejamos fermentar durante otra hora. Precalentamos el horno a 220 grados. Pintamos los bollitos con un poco de leche y sal. Horneamos los bollitos sin aire durante 20 minutos, dejándolos enfriar encima de una rejilla.

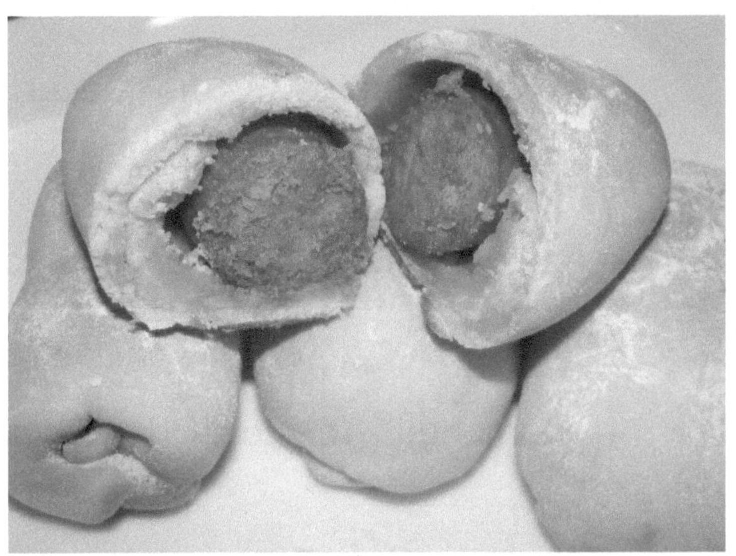

LISTA DE QUESOS RECOMENDADOS

Se recomiendan quesos hechos con leche de vaca o con mezcla de leche de vaca y oveja.

Son más suaves y no hacen pesado el cachopo.

- Afuega'l Pitu (vaca) tanto el roxu como el blancu.

- Gamonéu (mezcla de vaca, oveja y cabra)

- Queso Casín (vaca)

- Cabrales (mezcla de vaca, oveja y cabra)

- La Peral (vaca y manteca de oveja)

- Queso Vidiago (vaca)

- Queso de Oscos (vaca)

- Queso ahumado de Pría (vaca y nata de leche de oveja)

Estos son solo algunos de los muchos quesos que se pueden usar. Incluso valen los quesos en lonchas si no hay otro a mano.

Frixuelos o Fayuelos

Los frixuelos o fayuelos son un postre típico de Asturias. Son parecidos a las filloas gallegas y a las crêpes francesas y desde hace años se comen rellenos de nocilla, crema de castañas, dulce de leche, crema pastelera,helado etc.

A mí me gusta acompañar los frixuelos con fresas y nata, pero realmente como más me gusta comerlos es de la forma tradicional, bien untados de azúcar blanco. Una vez que se van sacando de la sartén, se van colocando unos encima de otros y se espolvorean con una capa fina de azúcar. De esta forma se conservará el calor hasta que se terminan de hacer, lo que puede llevar su tiempo si los queremos hacer pequeños y en una sola sartén. Para comerlos, lo mejor es enrollarlos como un rollito y a mano.

Ingredientes:

200 gr de harina normal

4 huevos

½ litro de leche entera

Ralladura de 1 limón

1 cucharada sopera de anís

2 cucharadas soperas de azúcar blanco

1 pizca de sal

Preparación:

Batimos bien los huevos y añadimos el azúcar batiendo de nuevo. Añadimos el anís, la leche, la sal y la ralladura de limón, y seguimos batiendo.

Poco a poco, echamos la harina y la integramos con el resto de los ingredientes hasta que se forma una mezcla homogénea. Dejamos reposar 1 hora y colamos la pasta para evitar que haya grumos y restos de la ralladura.

Mojamos una brocha en un poco de aceite y pintamos la sartén de forma que apenas haya aceite y sólo quede manchada. Dependerá del tamaño de la sartén, pero se debeponer poca cantidad de masa, para una sartén pequeña dos cucharadas soperas serán suficientes. Rápidamente se debe mover la sartén para que la masa se extienda por toda la superficie de la sartén, a temperatura media (en vitrocerámica al 6-7).

Transcurridos medio minuto, se intenta despegar los bordes del frixuelo, si se despegan bien se mete la cuchara por debajo del frixuelo yse le da la vuelta, se deja otro medio minuto hasta que se dore y se saca de la sartén. Colocamos los frixuelos en un plato y espolvoreamos con azúcar. Iremos poniendo todos los frixuelos uno encima de otro para que no se enfríen.

Podéis acompañar estos frixuleos de muchas cosas. Y si ponéis una capa de relleno entre frixuelo y frixuelo tendréis una estupenda tarta de frixuelos que estará deliciosa.

Para esta receta es fundamental que uséis huevos de buena calidad.

Carbayones

Se trata de una de las especialidades más clásicas de la repostería asturiana, cuyo origen se remonta a principios del siglo pasado. Se ha convertido con el tiempo, en el pastel más típico de la ciudad de Oviedo. Está elaborado a partir de una base hojaldrada rellena de una masa cremosa de almendra con un baño final en yema y azúcar.

Con unos sencillos ingredientes podremos elaborar uno de mis dulces favoritos desde que los probé.

Para ahorrar tiempo podemos comprar el hojaldre ya preparado, ya que tiene mucho trabajo hacerlo en casa, yo confieso que lo hago. Para qué engañaros.

Ingredientes:

500 gr. masa de hojaldre

100 gr. almendras molidas

100 gr. mantequilla

6 huevos

100 gr. harina

500 gr. azúcar, 60 cc. licor de manzana (o vino dulce).

Para el glaseado: zumo de medio limón, colado, 100 gr. azúcar, 50 cc. agua.

Preparación:

Monta las yemas con el azúcar y el vino dulce, batiendo hasta que la mezcla blanquee. Monta aparte las claras a punto de nieve, con tres cucharadas de azúcar. Mezcla las claras batidas con la mezcla de yemas y azúcar, removiendo con suavidad para que no se baje mucho.

Añade a la masa las almendras molidas, removiendo con cuidado. Espolvorea con la harina y sigue removiendo, junto con la mantequilla derretida. Mezcla con una espátula para que no pierda el aire la masa.

Forra unos moldes con la masa de hojaldre, rellena con la masa que has preparado y hornea a 180º durante 30 minutos, o hasta que queden dorados. Saca del horno, deja templar y desmolda o dejalos en sus moldes .

Prepara el glaseado mezclando el azúcar con el zumo de limón y el agua, calentando en un cazo o sartén hasta que se haga un almíbar brillante. Aparta y bate con un tenedor para que blanquee un poco y cubre los carbayones, una vez fríos, con el glaseado templado.

Arroz con leche

Si hay un postre característico de la cocina asturiana, éste es sin duda el arroz con leche

Ingredientes:

1 litro de leche entera

100 g de arroz bomba

200 ml de agua

1 cucharada sopera de mantequilla

1 cucharada sopera de anís

6 cucharadas de postre de azúcar blanco

1 pizca de sal

La corteza de 1/2 limón

1 caña de canela

Azúcar al gusto para cubrir los moldes

Preparación:

Ponemos en una olla la leche con la rama de canela,la corteza de limón y una pizca de sal. Lo dejamos hervir 15 minutos y reservamos.

Lavamos el arroz con agua fría (sólo aclararlo ligeramente) y lo ponemos en otra olla con un poco agua que tan sólo debe cubrirlo. Dejamos hervir hasta que se consuma el líquido.

Echamos la mitad de la leche y dejamos el resto con la canela y la corteza de limón que iremos incorporando poco a poco a medida que se vaya evaporando. El tiempo de cocción lenta es de 45 a 50 minutos.

Cuando la mayoría de la leche se haya consumido, pero la mezcla siga estando líquida (recordad que el arroz al reposar se va a secar un poco), echamos el azúcar, la mantequilla y el chorro de anís, revolvemos un par de minutos y lo repartimos en los recipientes en las que lo serviremos.

Cuando vayáis a comer el arroz con leche, echad azúcar sobre la superficie de los recipientes y quemadlo con un soplete o un hierro caliente, como se solía hacer antiguamente.

No dejéis que la leche se pegue al fondo de la olla o se estropeará todo el trabajo. Para ello tenéis que dejarlo hervir muy lentamente y revolver insistiendo en el fondo de la olla. La corteza de limón debe ser sin la parte blanca porque si no amargará.

Los bartolos

Hermano pobre del "carbayón"...es delicioso y fácil de hacer. Masa de hojaldre rellena de almendras molidas y yemas. Los recomendamos para la hora del café.

Ingredientes:

Para la base

1 lámina de hojaldre

Mantequilla para untar el molde

Para el relleno

200 gr de almendras molidas sin tostar

250 gr de azúcar

2 cucharadas de agua

3 yemas

2 cucharadas de brandy

Para el glaseado

1 tacita (tamaño café) de agua

2 tacitas (tamaño café) de azúcar

1 chorro de limón

Preparación:

Ponemos en un cazo el azúcar con el agua y cocemos hasta conseguir un almíbar cristalino. Retiramos del fuego, añadimos al almíbar, la almendra, el brandy y las yemas y revolvemos bien. Pintamos los moldes de mantequilla a punto de pomada.

Forramos los moldes con el hojaldre, cortándolos con el borde del molde. Rellenamos cada molde con la masa de almendra. Con los recortes del hojaldre se hace tiras sobre la almendra. Con el horno precalentado arriba y abajo,con la bandeja más bien baja, introducimos los pasteles y esperamos a que se doren. Una vez dorados, sacamos del horno y pasados unos 10 minutos, sacamos de los moldes y dejamos enfriar. En un cazo se pone el agua y el azúcar indicada en los ingredientes, se cuece la mezcla hasta formar un almíbar espeso y blanquecino. Agregamos el chorro de limón y cubrimos los bartolos para darles brillo.

Casadielles

Las casadielles asturianas son una especie de empanadillas dulces rellenas de nuez, azúcar y anís.

Ingredientes: *(Para 12 casadielles)*

Para la masa:

100 ml vino blanco

50 g de mantequilla derretida

50 g de aceite de oliva

30 g de manteca de cerdo a temperatura ambiente

1 yema de huevo

1 cucharada de postre de sal

1 cda. de postre de levadura Royal

400 g de harina normal

Para el relleno

200 g de nueces

80 g de azúcar blanco

4 cucharadas soperas de anís

4 cucharadas soperas de agua

Para freírlas

Aceite de oliva 0,4ºC

1 cáscara de limón o naranja (o

ambas)

1 caña de canela

1 estrella de anís (opcional)

Para servirlas:

100 g de azúcar para "rebozar" las

casadielles.

Preparación:

Lo primero que debemos hacer es aromatizar el aceite con el que freiremos las casadielles. Para ello ponemos a calentar abundante aceite en una sartén con una cáscara de limón, el anís y una caña de canela, lo dejamos 10 minutos a fuego medio y reservamos.

Comenzamos con la masa. En un recipiente mezclamos el aceite, el vino y la sal, lo batimos con unas varillas hasta que emulsione un poco. A continuación agregamos la levadura Royal, la yema, la mantequilla derretida y la manteca a temperatura ambiente y seguimos batiendo.

Añadimos la harina poco a poco hasta obtener una masa blanda pero que no se pegue a las manos. Puede ser que nos sobre o que falte un poco de harina, la cantidad es aproximada, depende de cómo absorba. Extendemos la masa con un rodillo hasta obtener un grosor de un 1 cm. Doblamos la masa a la mitad y volvemos a doblar a la mitad de nuevo de forma que nos quede un cuadrado. Estiramos la masa y repetimos la operación 3 veces más.

Doblamos la masa, cubrimos con un paño húmedo y dejamos reposar en un lugar fresco durante 2 horas. Hacemos el relleno.

Trituramos la nuez en un mortero o con un robot de cocina. Le añadimos el azúcar, el anís y el agua poco a poco e integramos todos los ingredientes y reservamos. Una vez transcurrido el tiempo de reposo de la masa, la extendemos con un rodillo en láminas de 1/2 cm. de grosor. Con un cuchillo hacemos cuadrados lo más iguales posible. En cada cuadrado ponemos una tira en el medio de relleno de nuez y doblamos los extremos hacia el centro, usando un poco de agua para que se peguen las dos partes de la masa.

Cerramos los extremos presionando con un tenedor, de ahí que queden las rayas características de las casadielles. Quitamos del aceite aromatizado la canela, el anís y la cáscara de limón. Volvemos a calentarlo y freímos en él las casadielles, poniendo primero hacia abajo la parte donde se junta las dos partes de la masa, para que se sellen.

Una vez fritas las vamos colocando sobre un papel absorbente durante unos minutos. Metemos las casadielles en un plato en que hemos puesto abundante azúcar para que queden "rebozadas" y listas para servir.

Trucos:

Las 4 vueltas del amasado son muy importantes para que la masa quede perfecta. Debéis freírlas a fuego medio para que la masa se haga por dentro.

El sabor a anís es muy suave, no lo dejéis de echar aunque no os guste porque mejora mucho la receta. La receta original lleva en su relleno sólo nueces, pero si queréis variar un poco vuestras casadielles podéis poner otro tipo de rellenos mezclando las nueces con otros frutos secos o ciruelas, pasas, etc.

Otra versión de relleno que os animo a probar es con dulce de mazana quedan muy ricas también.

Para que se conserven crujientes,deberéis guardarlas en un recipiente cerrado, en un lugar fresco. La versión rápida es hacerlas con una plancha de hojaldre comprado.

Tortos de maiz dulce con nata y frutas

Ingredientes :

10 tortos

1 pera

1 melocotón

1 kiwi

6 fresas o frambuesas

200 ml de nata para montar

2 cucharadas de azúcar

50 gr de queso de untar natural

Preparación:

Lo primero, asegurarnos de que la nata está bien fría. La metemos en el congelador 30 min antes de empezar. Pasado este tiempo la montamos con unas varillas,cuando esté a medio montar, añadimos el azúcar y seguimos batiendo hasta que esté bien firme. Vertemos el queso en un bol, le añadimos la nata y la incorporamos con movimiento envolventes.

Pelamos y cortamos la fruta en trozos pequeños los mezclamos todos con un vaso de zumo naranja y una cucharadita de azúcar y dejamos reposar en la nevera.

Ponemos un par de cucharadas de este mezcla sobre el torto y por encima un par de cucharadas de macedonia de frutas.

Tocino de cielo

Ingredientes:

10 Huevos

Caramelo líquido

Para el almibar:

350 g de azúcar

250 ml de agua

Preparación:

Calienta el horno a 180º en modo arriba y abajo.

Pon una cazuela a fuego medio y viertes el agua, añade el azúcar y remuévelo para que el azúcar se diluya.

Lo dejas durante unos 10 minutos a fuego medio removiendo muy a menudo. Veras como va cogiendo un ligero color tostado y espesando, no dejes que se ponga muy oscuro.

Echa las yemas de los 7 huevos en un bol y casca también 3 huevos enteros y los bates muy bien.

Cuando los huevos estén bien batidos le vas añadiendo el almíbar que acabas de hacer poco a poco sin dejar de remover y lo vuelves a batir muy bien y lo dejas reposar un minuto.

Vierte el caramelo en los moldes donde vayas a preparar los tocinillos, a continuación vierte los huevos batidos en los moldes pásandolo por un colador por si hubiera alguna cascara de huevo.

Introduce los tocinillos de cielo en el horno, al baño maría, durante 60 minutos a 180 grados.

Pasados los 60 minutos, comprueba que esta bien hecho en el centro, pincha el centro con un palillo y si sale seco ya estan.

Sácalos del horno y déjalos enfriar.

Cuando esté frío lo dejas en el frigorífico durante un par de horas antes de desmoldarlo., separa las paredes con un cuchillo.

Pon un plato encima y le das la vuelta con cuidado.

Ya lo tienes listo para comer.